C. H. SPURGEON

ELEIÇÃO

```
S772e      Spurgeon, C. H. (Charles Haddon), 1834-1892
              Eleição / C. H. Spurgeon. – 3. ed. – São José dos
           Campos, SP: Fiel, 2021.

              Tradução de: Election.
              ISBN 9786557230237 (brochura)
                   9786557230220 (epub)

              1. Eleição (Teologia) – Sermões. I. Título.
```

CDD: 234

Catalogação na publicação: Mariana C. de Melo Pedrosa – CRB07/6477

Eleição
Traduzido do original em inglês
Election,
Por Charles Haddon Spurgeon.
Domínio público.

■

1ª Edição em Português: 1984
2ª Edição em Português: 2011
3ª Edição em Português: 2021

PROIBIDA A REPRODUÇÃO DESTE LIVRO POR QUAISQUER MEIOS, SEM A PERMISSÃO ESCRITA DOS EDITORES, SALVO EM BREVES CITAÇÕES, COM INDICAÇÃO DA FONTE.

Todos os direitos em língua portuguesa reservados por Editora Fiel da Missão Evangélica Literária

■

Diretor: Tiago J. Santos Filho
Editor-chefe: Vinicius Musselman Pimentel
Editor: Vinicius Musselman Pimentel
Coordenação Editorial: Gisele Lemes
Tradução: Editora Fiel
Revisão: Vinicius Musselman Pimentel
Diagramação: Rubner Durais
Capa: Rubner Durais
ISBN brochura: 978-65-5723-023-7
ISBN e-book: 978-65-5723-022-0

Caixa Postal 1601
CEP: 12230-971
São José dos Campos, SP
PABX: (12) 3919-9999
www.editorafiel.com.br

Sermão pregado pelo

Rev. Pr. Charles H. Spurgeon,

em 2 de setembro de 1855,

na New Park Street Chapel,

Southwark, Inglaterra.

ELEIÇÃO

"Entretanto, devemos sempre dar graças a Deus, por vós, irmãos amados pelo Senhor, por isso que Deus vos escolheu desde o princípio para a salvação, pela santificação do Espírito e fé na verdade, para o que também vos chamou mediante o nosso evangelho, para alcançar a glória de nosso Senhor Jesus Cristo." (2Ts 2.13, 14)

Ainda que na Palavra sagrada não houvesse outro texto, além deste, penso que todos nós estaríamos na obrigação de reconhecer e aceitar a veracidade daquela grande e gloriosa doutrina que declara que, desde o princípio, Deus escolheu a sua própria família. Entretanto, parece haver na mente humana um arraigado preconceito contra essa doutrina. Pois embora quase todas as demais doutrinas sejam recebidas pelos crentes professos, algumas delas acolhidas com cautela e outras com deleite, contudo, no caso dessa doutrina, com frequência verifica-se desconsideração e repúdio. Em muitos dos nossos púlpitos, muitos considerariam um grave erro, uma traição mesmo, se alguém pregasse um sermão a respeito da *eleição*, porquanto eles não poderiam extrair dali um discurso "prático", conforme asseveram. Mas é exatamente quanto a esse particular que penso que eles se desviaram da verdade.

Tudo quanto Deus nos tem revelado, tem-no feito com um propósito em mente. Nada existe nas Escrituras que, sob a influência do Espírito de Deus, não possa ser transformado em um discurso prático, porquanto "toda a Escritura" foi dada mediante inspiração divina, e é "proveitosa" para algum propósito espiritualmente útil. É verdade que um tema desses não pode ser transformado em um sermão acerca do livre-arbítrio humano — disso sabemos perfeitamente bem — embora possa ser utilizado como base de um prático discurso sobre a graça gratuita de Deus. E a prática do ensino da graça gratuita é o melhor procedimento possível quando as autênticas doutrinas a respeito do imutável amor de Deus passam a exercer a sua influência sobre os corações dos santos e dos pecadores.

Alguns de vocês, que tomam um susto diante da simples enunciação do vocábulo "eleição", talvez digam: "Ouvirei essa pregação com mente aberta e porei de lado os meus preconceitos; certamente prestarei atenção ao que esse homem tem para dizer!" Não fechem logo os ouvidos, nem digam: "Essa é uma doutrina muito profunda!" Porquanto, quem os autorizou a chamarem essa doutrina de profunda ou de superficial? Por que vocês haveriam de fazer oposição a uma doutrina ensinada por Deus? Lembrem-se do que sucedeu aos rapazinhos que descobriram falta no profeta de Deus e exclamaram: "Sobe calvo; sobe calvo!" (2Re 2.23). Não falem nada contra as doutrinas de Deus, pois poderia acontecer que algum animal feroz saísse da floresta e viesse devorar a vocês também.

Ainda existem outros infortúnios, além do juízo imediato dos céus — cuidem para que esses infortúnios não despenquem sobre as suas cabeças. Desprendam-se dos seus preconceitos; ouçam com calma; ouçam sem paixões;

ouçam o que as Escrituras ensinam. E quando vocês acolherem a verdade, se o Senhor Deus se agradar em revelá-la e manifestá-la a suas almas, não se envergonhem de confessá-la publicamente. Confessar que vocês estavam equivocados ontem, é tão somente reconhecer que estão um pouco mais sábios hoje; e ao invés disso ser um demérito, é antes uma honra e evidência de que vocês estão se aprimorando no conhecimento da verdade.

A Bíblia deve ocupar o lugar de primazia, e um ministro de Deus deve submeter-se a ela. Não devemos usar a Bíblia como plataforma para a nossa própria mensagem, mas devemos pregar com a Bíblia sobre as nossas cabeças. Depois de havermos pregado, continuaremos conscientes de que a montanha da verdade é mais elevada do que os nossos olhos são capazes de perceber. Nuvens e escuridão circundam o seu cume, e não nos é dado divisar seu cume. Ainda assim, tentaremos pregá-la tão bem quanto possível. Porém, visto que somos mortais e sujeitos a errar, por isso mesmo você deve exercer a sua capacidade de ajuizar. "provai os espíritos, se procedem de Deus" (1Jo 4.1). E então, se após ponderada reflexão, de joelhos dobrados, você for impulsionado a desconsiderar a doutrina da eleição — algo que considero totalmente impossível — esqueça-se da mesma, não queira mais ouvi-la sendo pregada, mas creia e confesse qualquer coisa que você entenda ser o ensino da Palavra de Deus. Não posso dizer mais do que isso como introdução.

Ora, em primeiro lugar falarei um pouco a respeito da *veracidade* dessa doutrina: "Deus vos escolheu desde o princípio para a salvação". Em segundo lugar, procurarei provar que a eleição é *absoluta*: Deus "vos escolheu desde o princípio para a salvação", não *para* a santificação, e, sim, "*pela* santificação do Espírito e fé na verdade". Em terceiro lugar, a eleição é *eterna,* porque o texto afirma: "Deus vos escolheu *desde o princípio*". Em quarto lugar, trata-se de uma eleição de caráter *pessoal:* "Deus vos escolheu". E, em seguida, consideraremos os *efeitos* dessa doutrina — *avaliando* aquilo que ela realiza. E, finalmente, na medida em que formos capacitados por Deus, procuraremos examinar *as suas consequências,* a fim de averiguarmos se realmente trata-se de uma doutrina terrível e licenciosa, como alguns dizem.

Por assim dizer, tomaremos a flor, e, à semelhança de verdadeiras abelhas, verificaremos se nessa doutrina há algum mel, se pode proceder dela algum bem, ou se ela é um mal sem mistura, não diluído.

A eleição é verdadeira

Em primeiro lugar, procurarei provar que essa doutrina da eleição é *verdadeira*. E permitam-me começar com um *argumentum ad hominem*:[1] falarei com vocês considerando suas diferentes posições e estágios de desenvolvimento. Aqui, há alguns de vocês pertencentes à Igreja Anglicana. Ora, eu sei perfeitamente bem que vocês creem profundamente naquilo que os [trinta e nove] Artigos declaram ser a sã doutrina. Oferecerei um exemplo daquilo que esses Artigos afirmam a respeito da *eleição*, de tal maneira que, se vocês acreditam realmente neles, não poderão deixar de receber a doutrina

---

1   N. E.: Do latim, argumento contra a pessoa. É considerado uma falácia caso expresse um ataque ao caráter do interlocutor ao invés de atacar o argumento. Porém, Spurgeon aqui usa a expressão como um argumento de autoridade — *argumentum ad verecundiam* — para desarmar aqueles que afirmavam concordar com tais autoridades, porém negavam a doutrina da eleição.

da eleição. Lerei certa porção do artigo XVII, que se manifesta sobre a predestinação e a eleição:

> A predestinação para a vida é o propósito eterno de Deus mediante o qual (antes que fossem lançados os fundamentos do mundo) ele decretou de maneira constante, através do seu conselho secreto a nosso respeito, que livraria da maldição e da condenação àqueles a quem ele escolhera em Cristo, dentre a humanidade, para conduzi-los à salvação eterna por meio de Cristo, como vasos destinados à honra. Em face disso, aqueles que foram dotados por Deus de tão excelente benefício são chamados, de conformidade com o propósito de Deus, pelo seu Espírito, o qual atua no tempo apropriado, tendo em mira: que, pela graça, obedeçam a essa vocação; sejam gratuitamente justificados; sejam feitos filhos de Deus por adoção; sejam moldados segundo a imagem de seu Filho unigênito, Jesus Cristo; andem piedosamente em boas obras; e, afinal, pela misericórdia de Deus, cheguem à bem-aventurança eterna.

Expus esse artigo de fé diante de vocês, tão somente para mostrar-lhes que, se vocês pertencem à Igreja Anglicana, pelo menos não quererão fazer objeção à doutrina da predestinação.

Uma outra autoridade humana, por intermédio da qual desejo confirmar a doutrina da eleição, é a antiga declaração de fé dos valdenses. Se vocês tiverem a oportunidade de ler o credo dos antigos valdenses, que eles redigiram quando estavam sofrendo sob os ardores da perseguição, descobrirão que aqueles famosos seguidores e confessores da fé cristã davam a mais cordial acolhida e abraçavam essa doutrina, como uma porção da verdade revelada por Deus. Extraí de um livro antigo um dos artigos de fé dos valdenses:

> Que Deus salva da corrupção e da condenação àqueles a quem escolheu desde antes da fundação do mundo, não por causa de qualquer disposição, fé ou santidade que ele tenha previsto neles, mas por motivo de sua pura misericórdia, em Cristo Jesus, seu Filho, deixando de levar

em conta quaisquer outras considerações, segundo a irrepreensível razão de sua própria livre vontade e justiça.

Portanto, não estou pregando aqui nenhuma novidade; nenhuma doutrina nova. Gosto imensamente de proclamar essas antigas e vigorosas doutrinas, que são conhecidas pelo cognome de calvinismo, mas que, por certo e verdadeiramente, são a verdade de Deus, a qual nos foi revelada em Jesus Cristo. Por meio dessa verdade da eleição, faço uma peregrinação ao passado, e, enquanto prossigo, contemplo pai após pai da Igreja, confessor após confessor, mártir após mártir levantarem-se e virem apertar minha mão. Se eu fosse um defensor do pelagianismo, ou acreditasse na doutrina do livre-arbítrio humano, então eu teria de prosseguir sozinho por séculos e mais séculos em minha peregrinação ao passado. Aqui e acolá, algum herege, de caráter não muito honrado, talvez se levantasse e me chamasse de irmão. Entretanto, aceitando como aceito essas realidades espirituais como o padrão de minha fé, contemplo a pátria dos antigos crentes povoada por numerosíssimos irmãos;

posso contemplar multidões que confessam as mesmas verdades que defendo multidões que reconhecem que essa é a religião da própria Igreja de Deus.

Também quero apresentar a vocês um extrato da antiga confissão batista. Nesta congregação, somos batistas — ou pelo menos a maioria de nós o é — e gostamos de averiguar o que os nossos predecessores escreveram. Cerca de duzentos anos atrás, os batistas se reuniram e publicaram os seus artigos de fé, a fim de que se pusesse um ponto final em certos rumores que atacavam a ortodoxia deles, rumores esses que já tinham dado volta ao mundo. Abro agora este antigo livro, e encontro o seguinte terceiro artigo:

> Por decreto de Deus, tendo em vista a manifestação de sua glória, alguns homens e anjos foram predestinados ou ordenados de antemão para a vida eterna, por meio de Jesus Cristo, para louvor de sua gloriosa graça; e, quanto aos demais, foi-lhes permitido continuarem em seus pecados, tendo em vista a sua justa condenação, para o louvor da gloriosa justiça divina. Esses anjos e homens,

assim predestinados e ordenados com antecedência, foram particular e imutavelmente designados, e o seu número foi determinado de maneira tão certa e definida que esse total não pode ser nem aumentado e nem diminuído. No caso daqueles membros da humanidade que foram predestinados para a vida, Deus, antes de serem lançados os fundamentos do mundo e de conformidade com o seu eterno e imutável propósito, bem como de acordo com o secreto conselho e beneplácito de sua vontade, escolheu em Cristo, para a glória eterna e com base em sua pura graça gratuita e em seu amor, sem que houvesse qualquer outra consideração na criatura, como condição ou causa que O tivesse impelido a isso, aqueles a quem assim o quis.

Não obstante, no que concerne a esses testemunhos humanos autoritativos, não me importo nem um pouquinho sequer com eles. Não me interessa o que esses testemunhos afirmam, em *favor* ou *contra* a doutrina da eleição. Tão-somente lancei mão deles como uma espécie de confirmação para a vossa fé, a fim de mostrar a vocês que, embora eu possa ser acusado de ser um herege ou um hipercalvinista, em última análise, o testemunho mesmo da antiguidade está me prestando o seu apoio.

Se um mero punhado de nós postar-se na defesa resoluta da soberania do nosso Deus, ainda que sejamos cercados por muitos inimigos, até por nossos próprios irmãos, os quais deveriam ser nossos amigos e ajudadores, nada disso nos abalará, contanto que possamos contar com o apoio do passado. O nobre exército de mártires, as gloriosas hostes de confessores, esses serão os nossos amigos; e o próprio testemunho da verdade manifestar-se-á em nosso favor. Ora, contando com aliados assim, jamais poderemos dizer que estamos sozinhos; bem pelo contrário, poderemos exclamar: "Eis que o Senhor reservou sete mil homens que não dobraram joelhos diante de Baal" (veja Romanos 11.4). Porém, o fator mais importante de todos é que *Deus está conosco*.

As grandes verdades sempre se encontram na Bíblia, exclusivamente na Bíblia. Vocês não acreditam em qualquer outro livro além da Bíblia, acreditam? Se eu pudesse provar aquilo que afirmo, com base em todos os livros da cristandade; se eu pudesse voltar no tempo e achar provas na biblioteca de Alexandria, mesmo assim vocês não acreditariam nesta doutrina mais do que antes; mas por certo vocês darão crédito ao que diz a Palavra de Deus.

Selecionei alguns poucos textos para serem lidos a vocês. Quando temo que vocês possam desconfiar de alguma verdade, gosto de apresentar uma série inteira de passagens da Bíblia, a fim de que vocês se sintam por demais impressionados para duvidarem, se porventura realmente não acreditam em tal verdade. Tão somente permitam-me examinar uma série de trechos bíblicos, onde os crentes são chamados de *eleitos*. Naturalmente, se as pessoas estão sendo chamadas de *eleitas*, não se pode duvidar que deve haver uma *eleição*. Se Jesus Cristo e os seus apóstolos estavam acostumados a designar os discípulos pelo título de *eleitos*, então certamente devemos crer que é isso que eles são, porque, de outra maneira, tal vocábulo não significaria coisa nenhuma.

Jesus Cristo declarou: "Não tivesse o Senhor abreviado aqueles dias, e ninguém se salvaria; mas, por causa dos *eleitos* que ele escolheu, abreviou tais dias". E também: "pois surgirão falsos cristos e falsos profetas, operando sinais e prodígios, para enganar, se possível, os próprios *eleitos*". E ainda: "E ele enviará os anjos e reunirá os seus escolhidos dos quatro ventos, da extremidade da terra até a extremidade do céu" (Marcos 13.20, 22 e 27). "Não fará Deus justiça aos seus *escolhidos*, que a ele clamam dia e noite, embora pareça demorado em defendê-los?" (Lucas 18.7). Juntamente com esses, muitos outros trechos bíblicos poderiam ser selecionados, onde aparecem palavras como "eleitos", "escolhidos", "conhecidos de antemão" ou "destinados", ou então onde aparece alguma expressão como "minhas ovelhas", ou alguma designação similar, demonstrando que o povo de Cristo é distinguido do resto da humanidade.

Porém, vocês devem possuir suas próprias concordâncias bíblicas, e não precisarei perturbá-los com muitos textos. Em todas as epístolas dos apóstolos, os santos são continuamente chamados de "os eleitos". Na epístola aos

Colossenses, encontramos Paulo asseverando: "Revesti-vos, pois, como *eleitos* de Deus, santos e amados, de ternos afetos de misericórdia" (Cl 3.12). Quando Paulo escreveu a Tito, designou a si mesmo nestes termos: "Paulo, servo de Deus e apóstolo de Jesus Cristo, para promover a fé que é dos *eleitos* de Deus" (Tt 1.1). E, referindo-se aos crentes, o apóstolo Pedro estipula: "*eleitos*, segundo a presciência de Deus Pai" (1Pe 1.2). E então, se vocês examinarem os escritos de João, descobrirão que ele apreciava muitíssimo esse vocábulo. Declara ele: "O presbítero à senhora *eleita*" (2Jo 1). E também se refere aos "filhos da tua irmã *eleita*... (2Jo 13). E, por semelhante modo, sabemos onde é que está escrito: "Aquela que se encontra em Babilônia, também *eleita*, vos saúda" (1Pe 5.13). Não, durante aqueles primeiros dias, os crentes não se envergonhavam de usar essa palavra; e nem receavam falar a respeito da ideia por ela representada.

No entanto, nestes nossos dias, tenho que admitir, esse vocábulo tem sido revestido de certa diversidade de significados, e muitas pessoas têm mutilado e manchado essa doutrina da eleição, de maneira tal que a têm transformado numa autêntica doutrina de demônios. E muitos daqueles que atualmente se chamam de crentes, bandearam-se para as fileiras dos antinomianos.[2] A despeito de tudo isso, por qual motivo haveríamos de sentir vergonha dessa ideia, ainda que os homens a tenham distorcido? Amemos a verdade de Deus quando ela está sendo atacada, tanto quando ela está sendo aceita. Se por acaso houve algum mártir a quem já amávamos antes dele ser submetido à tortura da roda, deveríamos amá-lo mais ainda depois que ele já foi esticado e torturado ali. Quando a verdade de Deus é submetida às pressões, não devemos tachá-la de falsa. Gostamos de ver a verdade de Deus quando ela está sendo submetida a alguma provação, porque então podemos discernir qual é a exata proporção que ela teria, se não tivesse sido distorcida e torturada pela crueldade e pelas invenções astuciosas dos homens.

Se vocês tivessem oportunidade de ler as muitas epístolas que os antigos pais da Igreja escreveram, então descobriram que eles sempre se dirigiram ao povo de Deus

---

2 N. E.: Do grego, contra a lei. Termo cunhado para designar a falsa doutrina que afirma que na "dispensação do evangelho da graça" não há necessidade de obediência à lei moral de Deus, levando a uma vida de pecado e indolência.

chamando-os de "os eleitos". De fato, o vocábulo comumente utilizado nas conversações diárias, entre muitos daqueles cristãos primitivos, para aludirem uns aos outros, era "eleito". Com grande frequência empregavam o termo para se dirigirem uns aos outros, ficando assim demonstrado que eles acreditavam que todo o povo de Deus manifestamente se compõe de "eleitos" do Senhor.

No entanto, passemos a examinar os versículos bíblicos que provarão, de forma positiva, a veracidade dessa doutrina. Abram suas Bíblias no trecho de João 15.16, e ali vocês observarão que Jesus Cristo escolheu o seu povo, pois ele mesmo declara: "Não fostes vós que me escolhestes a mim; pelo contrário, eu vos escolhi a vós outros, e vos designei para que vades e deis frutos, e o vosso fruto permaneça; a fim de que tudo quanto pedirdes ao Pai em meu nome, ele vo-lo conceda". E em seguida, no versículo 19 desse mesmo capítulo, assegura o Senhor: "Se vós fôsseis do mundo, o mundo amaria o que era seu; como, todavia, não sois do mundo, pelo contrário dele vos escolhi, por isso o mundo vos odeia".

Verifiquem também o que está escrito em João 17.8, 9: "porque eu lhes tenho transmitido as palavras que me deste, e eles as receberam e verdadeiramente conheceram que saí de ti, e creram que tu me enviaste. É por eles que eu rogo; não rogo pelo mundo, mas por aqueles que me deste, porque são teus". E abramos ainda as nossas Bíblias na passagem de Atos 13.48: "Os gentios, ouvindo isto, regozijavam-se e glorificavam a palavra do Senhor, e creram todos os que haviam sido destinados para a vida eterna". Certos indivíduos tentam esmiuçar essa passagem, mas o fato inegável é que ela diz "destinados para a vida eterna" no original grego tão claramente como é possível dizê-lo — e não nos importamos com todos os comentários que buscam lhe contradizer.

Vocês quase nem precisam ser relembrados a respeito do que ensina o capítulo 8 da epístola aos Romanos, porque confio que estão perfeitamente familiarizados com aquele capítulo, e que, por esta altura dos acontecimentos, já o compreendem perfeitamente bem. Lemos ali, nos versículos 29 e seguintes:

ELEIÇÃO

Porquanto aos que de antemão conheceu, também os predestinou para serem conformes à imagem de seu Filho, a fim de que ele seja o primogênito entre muitos irmãos. E aos que predestinou, a esses também chamou; e aos que chamou, a esses também justificou; e aos que justificou, a esses também glorificou. Que diremos, pois, à vista destas cousas? Se Deus é por nós, quem será contra nós? Aquele que não poupou a seu próprio Filho, antes, por todos nós o entregou, porventura não nos dará graciosamente com ele todas as cousas? Quem intentará acusação contra os eleitos de Deus? É Deus quem os justifica.

Por semelhante modo, é desnecessário repetir por inteiro o capítulo 9 da epístola aos Romanos. Enquanto esse capítulo continuar sendo uma parte integrante das Escrituras, ninguém será capaz de provar que o arminianismo está com a razão. Enquanto esse capítulo estiver ali, nem mesmo as mais violentas distorções do texto serão capazes de extirpar das Escrituras a doutrina da eleição. Não obstante, leiamos versículos como este: "E ainda não eram os gêmeos nascidos, nem tinham praticado o bem ou o mal (para que o propósito de Deus, quanto à eleição prevalecesse, não por obras, mas por aquele que chama), já fora dito a ela: O mais velho será servo do mais moço" (vv. 11 e 12). E em seguida lemos, no versículo 22 e seguintes: "Que diremos, pois, se Deus, querendo mostrar a sua ira, e dar a conhecer o seu poder, suportou com muita longanimidade os vasos de ira, preparados para a perdição, a fim de que também desse a conhecer as riquezas da sua glória em vasos de misericórdia, que para glória preparou de antemão...?".

Poderíamos, igualmente, apelar para o trecho de Romanos 11.7, que determina: "Que diremos, pois? O que Israel busca, isso não conseguiu; mas a eleição o alcançou; e os mais foram endurecidos". E no versículo 5 daquele mesmo capítulo, lemos: "Assim, pois, também agora, no tempo de hoje, sobrevive um remanescente segundo a eleição da graça". Não há que duvidar, porém, que vocês todos estão lembrados da passagem de 1 Coríntios 1.26-29, que estipula:

Irmãos, reparai, pois, na vossa vocação; visto que não foram chamados muitos sábios segundo a carne, nem muitos poderosos, nem muitos de nobre nascimento; pelo contrário, Deus escolheu as cousas loucas do mundo para envergonhar os sábios, e escolheu as cousas fracas do mundo para envergonhar as fortes; e Deus escolheu as cousas humildes do mundo, e as desprezadas, e aquelas que não são, para reduzir a nada as que são; a fim de que ninguém se vanglorie na presença de Deus.

Uma vez mais, recordemo-nos de uma passagem como a de 1 Tessalonicenses 5.9: "porque Deus não *nos* destinou para a ira, mas para alcançar a salvação mediante nosso Senhor Jesus Cristo". E, finalmente, vocês poderão considerar o meu texto, o qual, conforme penso, deveria servir de prova suficiente da doutrina da eleição. Entretanto, se vocês continuam precisando de mais provas, poderão encontrá-las procurando-as com mais vagar, se porventura não têm conseguido até agora remover as suas dúvidas a respeito da doutrina.

Queridos amigos, a mim me parece que esse avassalador acúmulo de testemunho bíblico deveria deixar boquiabertos àqueles que ousam rir da doutrina da eleição. Que poderíamos dizer a respeito daqueles que tão frequentemente têm desprezado essa doutrina, e negado a sua origem divina, que têm escarnecido de sua justiça e têm ousado desafiar ao próprio Deus, intitulando-o de tirano todo-poderoso, ao ouvirem dizer que ele escolheu certo número de seres humanos para a vida eterna?

Ó rejeitador da verdade, podes realmente extirpar da Bíblia essa verdade? Podes brandir o canivete de Jeudi (Jr 36) e arrancar essa verdade da Palavra de Deus? Preferirias ser semelhante àquela mulher, aos pés de Salomão, que estava disposta a ver a criancinha partida ao meio, a fim de ficar com a sua metade? Porventura, não é clara a existência dessa doutrina aqui nas Escrituras? E não faz parte do teu dever te inclinares diante da verdade, aceitando humildemente o que por acaso ainda não pudeste entender e dando-lhe acolhida, embora não possas compreender todo o seu significado?

ELEIÇÃO

Não tentarei provar a justiça de Deus, por haver ele escolhido a alguns para a salvação e ter deixado outros de lado. Não cabe a mim vindicar o meu Senhor. Ele falará por si mesmo. E ele efetivamente o faz, dizendo: "Quem és tu, ó homem, para discutires com Deus?! Porventura pode o objeto perguntar a quem o fez: Por que me fizeste assim? Ou não tem o oleiro direito sobre a massa, para do mesmo barro fazer um vaso para honra e outro para desonra?" (Rm 9.20, 21). Além disso, lemos: "Ai daquele que diz ao pai: Por que geras? e à mulher. Por que dás à luz?" (Is 45.10). "Eu sou o Senhor, e não há outro. Eu formo a luz e crio as trevas; faço a paz e crio o mal; eu, o Senhor, faço todas estas coisas" (Is 45.6, 7). " Quem és tu, ó homem, para discutires com Deus?!" (Rm 9.10). Estremece e beija o seu cetro; prostra-te e submete-te diante de sua vara; não impugnes a justiça de Deus, e nem queiras julgar os atos de Deus diante do teu próprio tribunal, ó homem!

Não obstante, há alguns que objetam: É muito difícil aceitar que Deus tenha escolhido a alguns e tenha deixado a outros! Ora, é por esta altura de minha exposição que desejo fazer a vocês uma indagação: Há algum de vocês aqui que deseja ser santo, que deseja ser regenerado, que deseja abandonar o pecado e andar em santidade? E alguém poderia responder-me: "Sim, eu quero!". Pois muito bem, nesse caso, Deus escolheu a esse alguém. Mas eis que uma outra pessoa talvez replique: "Não, eu não quero ser santo, e nem quero desistir das minhas paixões e dos meus vícios!". Neste último caso, retruco: "Por que, então, você fica aí 'se queixando do fato de que Deus não o escolheu? Pois se tivesse sido escolhido, você não apreciaria o fato de ter sido eleito, de acordo com a sua própria confissão. Se Deus lhe tivesse escolhido para a santidade, ainda nesta manhã você teria acabado de afirmar que não se importaria nem um pouco com isso!".

Porventura, você já reconheceu que prefere viver no alcoolismo e não na sobriedade, que prefere viver na desonestidade e não na honestidade? Você ama mais os prazeres mundanos do que a piedade cristã. Assim sendo, por qual razão você fica murmurando diante do fato de que Deus não o escolheu para a piedade? Se porventura você ama a piedade, então é que Deus o *escolheu* para viver piedosamente. Caso contrário, quais direitos você tem para dizer que Deus lhe deveria ter dado aquilo que você não deseja? Suponhamos que eu tivesse aqui, em minha mão, alguma coisa a que você não desse valor, e eu dissesse que a daria a esta ou àquela pessoa. Nesse caso, você não teria qualquer direito de queixar-se do fato de que eu não a oferecera a você. Você não seria tão insensato a ponto de murmurar que aquela outra pessoa obteve aquilo que não lhe interessa nem um pouco. De conformidade com as suas próprias confissões, muitos de vocês não apreciam a piedade cristã, não querem ser donos de um coração renovado e nem de um espírito reto, não querem receber o perdão dos pecados e nem querem experimentar a santificação. E isso quer dizer, por sua vez, que vocês não gostariam de ter sido escolhidos para essas realidades espirituais. Assim, pois, do que vocês ainda se queixão? Vocês consideram todas essas coisas como se fossem apenas lixo. E por qual motivo haveriam de queixar-se de Deus, o qual outorgou essas mesmas coisas àqueles a quem ele escolheu?

Mas, se vocês acreditam que essas coisas são boas, e se chegam a desejá-las, então elas estão à sua disposição. Deus as dá liberalmente a todos que as desejam. Porém, antes de mais nada, ele faz com que tais indivíduos realmente desejem essas bênçãos, porquanto, do contrário, jamais poderiam desejá-las. O grande fato é que se vocês chegarem a amar a essas realidades, então é porque Deus os escolheu para as receberem, e vocês poderão obtê-las. Mas, por outro lado, se vocês não desejam tais bênçãos, quem são vocês para descobrirem alguma falta em Deus, quando é a própria vontade obstinada de vocês que os impede de dar valor a essas coisas? Quando é o próprio "eu" de vocês que os leva a odiarem essas bênçãos?

Suponhamos que um homem qualquer, lá na rua, dissesse: "Que vergonha que não me tenha sido garantido um assento no auditório, para eu ouvir o que esse pregador tem para dizer. Não posso tolerar a doutrina dele; e, no entanto, é uma vergonha que eu não tenha nenhum assento reservado ali!" Algum de vocês esperaria ouvir um homem qualquer dizer algo dessa natureza? Não, pois todos replicariam prontamente: "Aquele homem não se importa com essa oportunidade". Por qual motivo ele se sentiria perturbado porque outras pessoas possuem aquilo que valorizam, mas que ele mesmo despreza? Você não aprecia a santidade; você não aprecia a retidão. E se Deus me escolheu para essas coisas, isso deixa você ofendido?

Porém, alguém poderia comentar: "Ah! mas é que eu pensava que essa doutrina significa que Deus escolheu alguns para o céu, e outros para o inferno!" A verdade é que esse conceito exprime algo inteiramente diferente da doutrina do Evangelho. Pelo contrário, Deus escolheu indivíduos para a santidade e para a retidão, e, através disso, para o céu. Ninguém pode dizer que Deus simplesmente escolheu alguns para o céu, e outros para o inferno. Antes, Deus escolheu você para a santidade, se é que você ama a santidade. Se qualquer um aqui presente aprecia ter sido salvo por Jesus Cristo, então Jesus Cristo escolheu essa pessoa a salvação. Se qualquer um aqui presente deseja obter a salvação, então essa pessoa foi escolhida para receber a salvação, se é que a deseja sincera e intensamente. Por outro lado, se você não deseja ser salvo, então por qual razão, afinal de contas, você se mostra tão insensato a ponto de murmurar do fato de que Deus outorgou a outras pessoas aquilo que você não gosta?

A eleição é absoluta

Assim sendo, tenho procurado esclarecer alguma coisa a respeito da verdade da doutrina da eleição. Mas agora, permitam-me declarar, de maneira bem breve, que a eleição é absoluta — ou, em outras palavras, que ela não depende daquilo que somos em nós mesmos. O texto sagrado assevera: "Deus vos escolheu desde o princípio para a salvação". E, no entanto, nossos oponentes asseguram que Deus escolhe as pessoas porque elas são boas; que ele escolhe os indivíduos por causa de diversas coisas que eles tenham praticado. Porém, em resposta às ideias de nossos oponentes, indago: Quais obras são essas, em vista das quais Deus teria elegido o seu povo?

Seriam as obras às quais comumente chamamos de "obras da lei" — obras de obediência, que a criatura humana é capaz de realizar? Nesse caso, replicaremos aos tais: "Se os homens não podem ser justificados pelas obras da lei, parece perfeitamente claro que também não podem ter sido eleitos em vista das obras da lei". E se os homens não podem ser justificados por seus feitos corretos, então é que também não podem, ser salvos através dos mesmos. E daí segue-se que o decreto da eleição não pode ter sido baixado com base nas boas obras humanas.

Mas eis que alguns outros insistem: "Deus escolheu os seus eleitos com base na fé prevista que eles haveriam de ter!". Ora, Deus é quem nos outorga a fé, o que significa que ele não pode ter selecionado os seus eleitos com base na fé que ele previu que eles teriam. Suponhamos que havendo vinte pedintes numa rua, eu tome a resolução de dar a um deles uma nota de cem reais. Entretanto, alguém poderia asseverar que eu resolvi doar aqueles cem reais a um deles, que eu o escolhi para receber aquela importância porque eu previ que ele aceitaria os cem reais? Isso seria dizer asneiras. Por semelhante modo, afirmar que Deus escolheu a certos indivíduos por haver previsto que eles exerceriam fé, o que é salvação ainda em forma germinal, seria uma declaração tão absurda que não poderíamos conferir-lhe atenção, nem por um instante sequer. A fé é dom de Deus. E cada virtude também procede do Senhor. Por conseguinte, nem uma coisa e nem outra pode ter sido a causa que levou Deus a escolher a determinados indivíduos, porquanto essa escolha é um dom gratuito.

Estamos plenamente convictos de que a eleição é absoluta e inteiramente independente das virtudes que os santos possam exibir posteriormente. Ainda que um certo crente venha a ser tão santo e devoto quanto Paulo; ainda que venha a ser tão ousado na fé quanto Pedro, ou tão cheio de amor quanto João, contudo, ele nada poderia reivindicar da parte de seu Criador. Eu jamais conheci qualquer crente, de qualquer denominação evangélica, que tenha pensado que Deus o salvou por haver previsto que ele possuiria alguma dessas virtudes ou algum desses méritos. Ora, meus irmãos, as joias mais excelentes que um santo poderia usar neste mundo, se forem de sua própria feitura não serão de primeira qualidade. Nessas joias sempre haverá algum elemento terreno, misturado com elas. Semelhantemente, a mais exaltada graça que podemos chegar a possuir, envolve algum elemento terreno. Sentimos isso quando já atingimos o mais elevado refinamento possível, quando já chegamos a um alto grau de santificação; e mesmo então a nossa linguagem obrigatoriamente terá de ser:

> O principal dos pecadores sou,
> Mas Jesus por mim morreu.[3]

A nossa única esperança, o nosso único apelo continua dependendo unicamente da graça de Deus, conforme ela se manifestou na pessoa de Jesus Cristo. E estou certo de que devemos repelir decididamente e desconsiderar qualquer pensamento que conceba que as graças que possuímos — as quais são dons conferidos por nosso Senhor, que foram em nós plantadas pela sua mão direita — poderiam ter sido

---

[3] N. E.: Tradução de parte do hino *The Plea* (Let the world their virtue boast), de Charles Wesley.

a causa do seu amor por nós. Diante disso, cumpre-nos entoar sempre:

Que haveria em nós para merecer estima,
Ou conferir deleite ao Criador?
Assim foi, Pai, e isso nos anima,
Do teu querer ser nosso Galardoador.[4]

"Terei misericórdia de quem me aprouver ter misericórdia, e compadecer-me-ei de quem me aprouver ter compaixão" (Rm 9.15). Sim, Deus salva porque quer salvar. E se alguém me perguntasse por qual motivo ele me salvou, eu poderia retrucar somente que ele assim fez porque assim quis fazer. Haveria em mim qualquer coisa que me recomendasse diante dos olhos de Deus? Não; sou forçado a desconsiderar toda e qualquer consideração a esse respeito. Nada tenho que possa recomendar-me diante do Senhor. Quando Deus me salvou, eu era o mais abjeto, o mais pendido e arruinado

---

4   N. E.: Tradução de parte do hino *In songs of sublime adoration and praise*, atribuído a Robert Keen.

membro da raça humana. Eu jazia diante de Deus como um recém-nascido. Na verdade, faltava-me todo e qualquer poder para ajudar-me a mim mesmo. Oh, quão miserável eu me sentia e sabia ser. Se você tem alguma coisa que o recomende diante de Deus, eu nunca tive nenhuma. Antes, fico contente em haver sido salvo pela *graça* divina, graça pura e sem qualquer mistura. Não posso jactar-me de quaisquer méritos pessoais. Se você pode jactar-se de alguma coisa, eu não o posso. Antes, só me resta entoar estas palavras:

> Só a livre graça, do princípio ao fim,
> Me salvou a alma e susterá a mim.[5]

A eleição é eterna

Em terceiro lugar, essa eleição é *eterna*. "Deus vos escolheu desde o princípio para a salvação". Pode algum dos presentes dizer-me quando foi o princípio? Poderíamos retroceder aos milênios já passados, quando os mundos

---

5 N. E.: Tradução de parte do hino *Thy mercy, my God, is the theme of my song*, atribuído a John Stocker.

foram criados e sistemas foram postos em ordem, mas, em lá chegando, nem teríamos nos aproximado do princípio. Enquanto não recuarmos até ao tempo em que o universo inteiro dormia na mente de Deus, como algo que ainda não havia nascido, enquanto não penetrarmos na eternidade, onde Deus, o Criador, vivia solitário, quando tudo ainda dormia dentro dele, quando a criação inteira repousava em seu pensamento todo abrangente e gigantesco, não teremos nem começado a sondar o princípio. Podemos ficar retrocedendo, retrocedendo e retrocedendo, eras e mais eras sem fim. Poderíamos ficar retrocedendo, se pudéssemos empregar palavras tão estranhas, durante eternidades inteiras, e ainda assim não teríamos chegado ao princípio. Nossas asas cairiam de exaustão, nossa imaginação feneceria. Os nossos pensamentos poderiam ultrapassar o corisco de um relâmpago em majestade, poder e rapidez, mas tudo isso se extinguiria antes, muito antes de chegarmos ao princípio.

Não obstante, desde o princípio Deus escolheu o seu povo; quando o espaço celeste nunca dantes navegado não era ainda agitado pelo marulhar das asas de um único anjo, quando o espaço não tinha limites, ou melhor, nem havia sido expandido, quando imperava um silêncio universal, e quando nenhuma voz ou murmúrio chocava a solenidade do silêncio total; quando ainda não existia qualquer ser, ou movimento, ou tempo, e quando coisa nenhuma, exceto o próprio Deus, existia, e ele estava sozinho na eternidade; quando, sem que qualquer anjo levantasse o seu cântico, sem a ajuda do primeiro dos querubins; muitíssimo antes das criaturas vivas terem vindo à existência, ou de terem sido formadas as rodas da carruagem de Jeová. Sim, quando "no princípio era o Verbo", quando no princípio o povo de Deus era um com o Verbo, foi então que ele escolheu os seus eleitos para a vida eterna. Assim sendo, a nossa eleição procede desde a eternidade. No entanto, não me rebaixarei para tentar provar esse ponto. Tão somente citei por alto esses pensamentos, visando o benefício dos crentes ainda principiantes, a fim de ajudá-los a compreender melhor o que queremos dar a entender com eleição eterna e absoluta.

A eleição é pessoal

Em seguida, cabe-nos refletir que a eleição é algo *pessoal*. Quanto a esse particular, novamente, os nossos oponentes têm procurado transtornar a doutrina da eleição ao afirmarem que deve estar em pauta a eleição de nações inteiras, e não de indivíduos isolados. Entretanto, o apóstolo havia declarado: "Deus *vos* escolheu". Trata-se de uma das mais miseráveis e infundadas distorções do mundo, essa que procura mostrar que Deus não escolheu indivíduos, e, sim, nações inteiras. Porque a mesmíssima objeção que pode ser levantada contra a escolha de indivíduos isolados, pode ser lançada contra a escolha de nações. Se houvesse qualquer erro em ter Deus escolhido indivíduos, teria sido muito mais injusto ainda, da parte dele, se ele tivesse escolhido nações, posto que as nações são apenas um agregado de grandes multidões de indivíduos. E escolher uma nação parece ser um crime mais gigantesco — se é que a eleição é um crime — do que escolher meros indivíduos. Não há que duvidar que escolher dez mil pessoas deve ser reputado como pior do que escolher um único indivíduo, se tal escolha estiver laborando em erro. Distinguir uma única nação dentre o restante da humanidade parece-me ser uma extravagância muito maior, nos atos da soberania divina, do que escolher alguns poucos mortais, ficando outros negligenciados.

Do que se compõem as nações, senão de indivíduos? Que são povos inteiros, senão combinações de diferentes unidades? Qualquer nação é composta deste indivíduo, e daquele, e daquele outro, e mais daquele ainda. E se alguém me disser que Deus escolheu aos judeus, então eu retrucarei que Deus selecionou aquele judeu, e mais aquele, e aquele outro ainda. E se essa mesma pessoa insistir que Deus escolheu a Inglaterra, então direi que Deus escolheu aquele inglês, e mais aquele inglês, e aquele outro também, e mais um outro inglês. Isso posto, tudo redunda na mesma coisa, afinal de contas. Por conseguinte, a eleição é uma questão inteiramente pessoal; é necessário que assim seja. Toda e qualquer pessoa que leia este texto bíblico, como também quaisquer outras passagens paralelas, verá que as Escrituras continuamente se referem ao povo de Deus, destacando indivíduo por indivíduo; e elas referem-se a cada um deles como um objeto especial da eleição divina.

Filhos somos pela divina eleição,
Por Jesus Cristo, em quem nós cremos;
Pela eterna predestinação
Graça soberana hoje recebemos.[6]

Sabemos que a Bíblia ensina uma eleição individual.

A eleição produz bons resultados

Um outro pensamento que ainda precisamos ventilar é que a eleição produz *bons resultados*. "Deus vos escolheu desde o princípio para a salvação, pela santificação do Espírito e fé na verdade." Um número impressionantemente grande de pessoas compreende mal e distorce inteiramente a doutrina da eleição! E quanto a minha alma fica indignada e ferve, ao lembrar-se dos terríveis malefícios resultantes das

---

6 N. E.: Tradução de parte do hino *Sons we are, through God's election*, atribuído a John Adams.

ELEIÇÃO

distorções e do manuseio malicioso dessa gloriosa porção da gloriosa verdade divina! Quantos existem que têm dito para si mesmos: "Eu sou um dos eleitos!" E, têm sentado no ócio, ou pior ainda do que isso. Esses tais dizem: "Eu sou um dos eleitos de Deus!" E então, com ambas as mãos têm praticado iniquidade. Esses tais têm corrido sofregamente atrás de tudo quanto é perverso, porquanto pensam assim: "Sou um filho escolhido de Deus, sem importar qual seja a minha conduta. E, por conseguinte, vivo como bem quiser e faço o que melhor me parecer!"

Oh, amados! Permitam-me advertir solenemente a cada um de vocês para jamais forçarem tanto a verdade da Bíblia; melhor ainda, para nunca transformarem a verdade em mentira, através de distorção. É possível ultrapassar a verdade, fazendo com que aquilo que tinha o propósito de ser um doce consolo se transforme numa terrível mistura venenosa, para nossa própria destruição. Afianço a vocês que tem havido milhares e milhares de pessoas que têm se arruinado, por haverem compreendido errônea e distorcidamente a doutrina da eleição. Essas pessoas têm dito:

"Deus me escolheu para ir para o céu e para receber a vida eterna!" E, no entanto, elas têm se esquecido de que está escrito que Deus nos escolheu "pela santificação do Espírito e fé na verdade". Essa é a autêntica eleição divina — a eleição para a santificação e para a fé. Deus escolhe o seu povo para que seja crente e santo.

Quantos de vocês, aqui presentes, são crentes verdadeiros? Quantos membros desta congregação, ou de qualquer outra, podem pôr a mão sobre o peito e dizer: "Confio em Deus que estou sendo santificado". Há alguém aqui que afirme: "Eu sou um dos eleitos". Posso relembrar-lhe que, ainda nó decorrer desta semana, você usou de palavras torpes. Um de vocês fala: "Acho que sou um dos escolhidos". Mas eu posso despertar a sua memória a respeito de alguma ação pecaminosa e má que você cometeu durante a semana passada. Um outro talvez alegue: "Sou um dos eleitos de Deus". Mas eu mesmo olho para você bem dentro dos olhos, e digo: "*Eleito*!? Você é o hipócrita mais maldito que conheço!". Outros de vocês talvez digam: "Eu sou eleito". Não obstante, posso recordá-los de que costumam negligenciar

ELEIÇÃO

o trono da misericórdia divina, e jamais oram. Oh, amados! Jamais pensem que são eleitos enquanto não forem santos. Você pode aproximar-se de Jesus Cristo como um pecador, mas não pode aproximar-se dele como uma pessoa eleita enquanto sua santidade não for visível. Portanto, não entendam mal o que aqui assevero. Não pense que você pode continuar no pecado e ainda pertencer ao grupo dos eleitos. Isso é algo simplesmente impossível.

Os eleitos de Deus são santos. Não são puros, não são perfeitos, não são imaculados. Porém, levando-se em conta as vidas deles como um todo, eles são pessoas santificadas. São pessoas marcadas, separadas dos seus semelhantes. Nenhum homem tem o direito de concluir que pertence ao número dos eleitos, exceto com base em sua própria santidade. Talvez um indivíduo qualquer seja mesmo um dos eleitos do Senhor, e, no entanto, esteja vivendo nas trevas. Por isso mesmo, esse indivíduo não tem o direito de concluir de que é um dos eleitos, pois ninguém pode perceber quaisquer evidências de sua eleição. Tal indivíduo talvez venha a receber a vida eterna, algum dia; mas, por enquanto, está morto.

Por outro lado, se vocês estão realmente andando no temor de Deus, procurando agradá-lo, obedecendo aos seus mandamentos, então não duvidem de que seus nomes foram registrados no livro da vida do Cordeiro, desde antes da fundação do mundo.

E, para que esse ensino não pareça exageradamente elevado para vocês, observem um outro sinal da eleição divina, a saber, a fé. "Fé na verdade." Qualquer pessoa que confia na verdade de Deus, que confia em Jesus Cristo, é uma pessoa eleita. Com frequência chego a conhecer alguma pobre alma, a qual se desgasta e se preocupa diante do seguinte pensamento: "E se, no final das contas, eu não for um dos eleitos?". E continua ainda: "Sei que tenho depositado a minha confiança em Jesus; sei que creio em seu nome e confio no seu sangue. Mas, o que adianta, afinal, se eu não for um dos eleitos?". Pobre e querida criatura humana! Sem dúvida você não sabe muito do Evangelho, porque, do contrário, não pensaria nesses termos, visto que *aquele que crê é um dos eleitos*. Aqueles que foram eleitos, também foram escolhidos para a santificação e para a fé. Assim sendo, se você tem fé, então você é um dos eleitos de Deus. Você pode saber disso, e até deveria ter conhecimento dessa realidade, porquanto se trata de uma certeza absoluta. Se você, na qualidade de pecador que é, vier a contemplar a Jesus Cristo, e disser "coisa alguma em minhas mãos eu trago, somente em tua cruz me agarro",[7] então você é um dos eleitos.

Não temo que a doutrina da eleição amedronte a algum santo simples ou aos pecadores. Existem muitos pastores evangélicos que dizem aos interessados na mensagem cristã: "Vocês não precisam incomodar-se com a eleição. Isso não lhes compete". Entretanto, essas palavras laboram em grave equívoco, porquanto nenhuma pobre alma deveria ser silenciada desse jeito. Se fosse possível assim satisfazer uma pessoa interessada, muito bem; mas ela continuará pensando a respeito, e não poderá evitar suas preocupações. Muito mais correto é dizer aos interessados: se vocês creem no Senhor Jesus Cristo, então são eleitos. Se estão dependendo exclusivamente do Senhor Jesus Cristo, então vocês

---

7   N. E.: Tradução de parte do hino *Rock of Ages*, de Augustus Todplay (em português: hino 371 do Cantor Cristão, hino 307 do Hinário para o Culto Cristão e hino 47 da Harpa Cristã).

pertencem ao número dos eleitos. Não importa se vocês são os piores pecadores do mundo, quero lhes dizer em nome de Cristo, que, se vocês se apresentarem diante do Senhor sem quaisquer obras pessoais, se vierem dependendo somente do sangue e da retidão de Jesus Cristo, se vierem agora mesmo e confiarem nele, então vocês pertencem à lista dos eleitos, então vocês são amados de Deus desde antes da fundação do mundo, porquanto vocês não poderiam fazer isso a menos que Deus lhes tivesse outorgado o poder para tanto, e isso porque ele os escolheu justamente para essa finalidade. Nesse caso, vocês estarão salvos e seguros, se vocês se aproximarem de Jesus Cristo e se lançarem aos seus cuidados, desejando ser salvos e amados por ele.

Por outro lado, jamais pensem que qualquer pessoa pode vir a ser salva, se não tiver fé e nem santidade. Meus amigos, não concebam a ideia de que, mediante algum decreto, baixado na idade das trevas da eternidade, suas almas possam receber a salvação, a menos que vocês confiem em Cristo. Não se acomodem, imaginando que poderão ser salvos sem fé e santidade. Essa é uma das mais abomináveis e malditas heresias que existe, e ela já conseguiu empurrar milhares de pessoas à perdição eterna. Não façam da eleição uma espécie de almofada sobre a qual vocês podem ficar dormindo; porque, se assim fizerem, vocês estarão perdidos. Deus me guarde de estar costurando almofadas para vocês usarem, e assim poderem descansar confortavelmente em seus pecados.

Pecador! Nada existe na Bíblia inteira capaz de servir de paliativo para os seus pecados. No entanto, se você está condenado, ó homem!, e se você está perdida, ó mulher!, você não poderá encontrar na Bíblia uma única gota que possa refrescar-lhe a língua, ou uma única doutrina capaz de suavizar a sua culpa. A sua condenação estará selada inteiramente por sua própria culpa, e os seus pecados serão plenamente merecedores dessa condenação. "Mas vós não credes, porque não sois das minhas ovelhas" (Jo 10.26). "Contudo, não quereis vir a mim para terdes vida" (Jo 5.40).

Não imaginem que a eleição possa justificar o pecado — não sonhem com isso — e nem fiquem se embalando na doce complacência, pensando que vocês não são responsáveis por aquilo que vierem a praticar. A verdade é que vocês são responsáveis. Nós precisamos levar em consideração ambos os fatores; a soberania divina e o peso da responsabilidade humana. Sim, precisamos considerar a doutrina da eleição; mas também precisamos dispor favoravelmente os nossos corações. Compete-nos destacar a verdade de Deus diante de vocês. Compete-nos advertir-lhes, lembrando-lhes de que está escrito: "eu te ajudo, diz o Senhor" (Is 41.14), mas que também está escrito: "A tua ruína, ó Israel, vem de ti" (Os 13.9).

Consequências da doutrina da eleição

E, finalmente, quais são as verdadeiras e legítimas consequências das concepções corretas a respeito da doutrina da eleição? Em primeiro lugar, ensinarei a vocês o *que* a doutrina da eleição leva os santos a porem em prática, sob as bênçãos de Deus; e, em segundo lugar, o *que* ela faz em favor dos pecadores, quando Deus os abençoa com a sua eleição.

Antes de mais nada, penso que a eleição para um santo é uma das doutrinas mais *despojadoras* de todo este mundo,

ELEIÇÃO

porquanto retira toda confiança na carne, toda dependência de qualquer coisa, excetuando Jesus Cristo. Quão frequentemente nos revestimos de nossa própria retidão, adornando-nos com as pérolas e gemas falsas dos nossos próprios feitos e das nossas obras. E, então, começamos a dizer: "Agora serei salvo, porque tenho esta ou aquela evidência da minha salvação!" Ao invés disso, aquilo que salva a um pecador é a fé pura, despida de qualquer outro fator. Esta fé singular une o indivíduo crente ao Cordeiro, independentemente de obras, embora a fé venha a produzir obras.

Quão frequentemente apoiamo-nos em alguma boa obra, ao invés de nos sustentarmos no Amado de nossas almas, ou confiamos em algum poder, ao invés de confiarmos somente naquele poder que vem lá do alto. Ora, se quisermos nos despir de todo e qualquer poder que não seja o celestial, então, forçosamente, teremos de considerar a eleição como um fator imprescindível.

Faz uma pausa, ó minha alma, e considera esta verdade: Deus te amou antes mesmo de vires à existência. Ele te amou quando ainda estavas morta nos teus delitos e pecados; e ele enviou seu Filho para morrer em teu lugar. Ele o resgatou com o seu precioso sangue, antes que pudesses sussurrar o teu nome. Em vista desses fatos, poderás sentir-te orgulhosa e autossuficiente?

Novamente, afirmo que desconheço qualquer outra coisa que nos possa *humilhar* tão profundamente quanto a doutrina bíblica da eleição. Algumas vezes tenho-me deixado cair no chão e tenho ficado prostrado, diante dessa verdade, quando procuro compreendê-la até às suas raízes. Nessas ocasiões, tenho distendido as minhas asas, e, à semelhança de uma águia, tenho alçado voo na direção do sol. E assim o meu olhar se tem fixado no alvo, e as minhas asas não me têm decepcionado, pelo menos durante algum tempo. Entretanto, quando já fui me avizinhando daquele alvo, e quando aquele pensamento tomou conta de minha mente — "Deus vos escolheu desde o princípio para a salvação" — então senti-me ofuscado diante do seu resplendor, fiquei pasmo diante da grandiosidade desse pensamento; e, desde aquelas alturas imensas, desci a minha alma estonteada, prostrada e quebrantada, dizendo:

ELEIÇÃO

"Senhor, eu nada represento. Eu sou menos do que nada. Por que eu? Por que eu?".

Amigos, se vocês desejam ser *humilhados*, então estudem a doutrina bíblica da eleição, pois ela lhes humilhará, sob a influência do Espírito Santo. Aquele que se sente orgulhoso de sua eleição, é porque não é um dos eleitos do Senhor. Mas aquele que se sente apequenado, debaixo do senso de haver sido escolhido, pode acreditar que é um dos eleitos. Tal indivíduo tem toda a razão para acreditar que é um dos escolhidos de Deus, porquanto esse é um dos mais benditos efeitos da eleição, ou seja, ela nos ajuda a nos humilharmos na presença de Deus.

E novamente, no caso de um crente, a doutrina da eleição deveria torná-lo muito *destemido* e muito *ousado*. Ninguém se mostra tão ousado como aquele que acredita que é um dos escolhidos de Deus. Pois que lhe importa o conceito dos homens, se ele foi escolhido pelo seu próprio Criador? Como poderia ele deixar-se abalar pelos pobres gorjeios de alguns minúsculos pardais, se ele mesmo sabe que é uma águia pertencente a uma espécie real?

Haverá ele de incomodar-se quando algum mendigo apontar o dedo para ele, se ele mesmo tem consciência de que, em suas veias, corre o azul sangue celestial? Temeria ele, mesmo que este mundo inteiro se voltasse contra ele?

Ainda que o mundo ao seu redor venha a armar-se em pé de guerra, aquele que foi escolhido por Deus se conserva em perfeita paz, porque ele habita no lugar secreto do tabernáculo do Altíssimo, no grandioso pavilhão do Todo-Poderoso. E tal crente pensa: "Eu pertenço a Deus. Sou diferente de todos os outros seres humanos. Eles pertencem a uma categoria humana inferior. Não sou eu um nobre? Não sou eu um dos aristocratas dos céus? Meu nome não está gravado no livro de Deus?" Poderia um crente assim incomodar-se com o mundo? De maneira nenhuma; pois, tal como o leão que não se abala diante dos latidos de um cão, esse crente também sorri diante de todos os seus adversários; e, quando estes se aproximam dele em demasia, ele os despedaça com um único movimento. Que importância têm para ele os inimigos? Esse crente caminha entre seus inimigos como se fosse um colosso, ao mesmo tempo que alguns anõezinhos

ELEIÇÃO

pulam ao seu derredor, sem compreenderem coisa nenhuma acerca dele. A sua fronte torna-se de ferro, o seu coração é como uma pederneira. Que lhe importa o homem? Sim, porque ainda que todo este vasto mundo se pusesse a criticá-lo e a vaiá-lo, mesmo assim ele sorriria diante de tudo, porquanto diria:

"Aquele que de Deus fez seu refúgio,
Encontra-se em seguríssima habitação".[8]

Eu sou um dos eleitos. Fui selecionado por Deus e sou precioso para ele; e embora o mundo me rejeite, de coisa nenhuma tenho receio. Ah! vocês que se declaram crentes, mas servem a este século! Diante do vendaval vocês se envergam como se fossem meros salgueiros. Nestes nossos dias, há bem poucos crentes que se assemelham a carvalhos, capazes de resistir ao temporal. E eu direi a vocês a razão

---

8   N. E.: Tradução de parte do hino *Safety in public Diseases and Dangers* (He that hath made his refuge God), de Isaac Watts.

de tudo isso: é que muitos não acreditam que pertencem ao número dos eleitos.

O indivíduo que sabe que é um dos eleitos, mostra-se por demais elevado para cair nos pecados em que os homens caem comumente, porquanto isso o deixaria humilhado. Aquele que dá crédito a essa verdade bíblica, pensa: "Haveria *eu* de transgredir diante dos meus próprios princípios? Alteraria *eu* a minha doutrina? Poria *eu* de lado os meus pontos de vista? Ocultaria *eu* aquilo que creio ser a verdade? Não! porque sei que sou um dos eleitos de Deus. E embora eu esteja sujeito aos ataques de todos os homens, continuarei proferindo a verdade de Deus, sem importar com o que os homens venham a dizer!" Nada é capaz de tomar um homem tão autenticamente ousado como quando ele sabe que é um dos eleitos de Deus. Aquele que sabe que Deus o escolheu, jamais estremece, jamais se deixa abalar pelo que quer que seja.

Outrossim, a eleição divina toma a nossa vida *santa*. Coisa alguma, sob a graciosa influência do Espírito Santo, pode contribuir mais decisivamente para santificar a um crente, do que a certeza de que ele é um dos escolhidos de Deus. E ele põe-se a meditar: "Haveria eu de pecar, visto que Deus me escolheu? Transgrediria eu, sendo alvo de tão grande amor divino? Haveria de desviar-me, após ter recebido tanta longanimidade e tão temas misericórdias? Ó, meu Deus, visto que tu me escolheste, eu te amarei, eu viverei para ti —

'Visto que tu, meu Deus eterno,
Meu Pai, haverás de vir'.[9]

Sim, eu me entregarei a ti para ser teu para sempre, mediante a eleição, mediante a redenção, lançando-me inteiramente aos teus cuidados, consagrando-me solenemente ao teu serviço!"

Uma palavra aos descrentes
E agora, uma palavra final, dirigida aos ímpios. O que a doutrina da eleição segreda para vocês? Em primeiro lugar,

---

9 N. E.: Tradução de parte do hino *Shine on our souls, eternal God*, de Philip Doddridge.

eu desculparei a vocês, incrédulos, por alguns instantes. Há muitos, dentre vocês, que não têm a menor apreciação pela doutrina da eleição; e não posso acusar vocês por causa disso. Porquanto alguns pregadores depois de pregarem sobre a eleição, têm concluído: "Não tenho nenhuma palavra a ser dita para os pecadores!" Por conseguinte, eu reafirmo: vocês *deveriam* sentir-se desgostosos diante de uma pregação dessa ordem; e não culpo vocês por terem esta atitude.

Porém, afianço: Encoraja-te, enche-te de esperança, ó pecador, diante do fato de que a eleição divina existe! Longe desse fato servir para desanimar-te e desencorajar-te, a realidade da eleição serve de motivo de esperança e do mais intenso júbilo. Que aconteceria se eu declarasse que talvez ninguém pode ser salvo, que ninguém foi selecionado para a vida eterna? Não haverias de tremer, de torcer nervosamente as mãos, num completo desespero? E não dirias: "Como é que eu poderei vir a ser salvo, se ninguém foi escolhido?" Diante dessa indagação, respondo que há uma grande multidão de pessoas eleitas, formando um número tão grande que ninguém pode computar — um exército que nenhum

ELEIÇÃO

mortal é capaz de contar. Por conseguinte, reanima-te, pobre pecador! Livra-te da tua melancolia, pois não poderias ter sido escolhido pelo Senhor, tal como qualquer outra pessoa? Considere que há um exército inumerável de eleitos. Para ti, há em reserva consolo e grande júbilo!

Porém, em seguida a isso, convém que não somente adquiras uma nova coragem, mas também vás até ao Senhor, a fim de experimentá-lo. Lembra-te de que se porventura não és um dos eleitos, nada tens a perder com isso. Que foi que disseram os quatro leprosos? "Vamos, pois, agora, e demos conosco no arraial dos siros; se nos deixarem viver, viveremos, se nos matarem, tão-somente morreremos" (2Re 7.4). Oh, pecador! aproxima-te do trono da misericórdia selecionadora. Podes morrer, aí mesmo onde te encontras. Vai a Deus; e, mesmo supondo que ele venha a repelir-te, e mesmo supondo que, de mãos erguidas, ele te mande embora — algo simplesmente impossível de acontecer — contudo, ainda assim não perderás coisa nenhuma, porquanto não ficarás mais condenado ainda por causa disso.

Acrescente-se a isso que, supondo que venhas a ser condenado, ainda assim terás a satisfação de, pelo menos, poderes erguer os teus olhos no inferno, e dizeres: "Deus, eu pedi misericórdia de ti, mas não quiseste dá-la a mim; eu a busquei, mas tu a negaste". Não, pecador, isso é algo que nunca poderás fazer. E isso porque, se te aproximares de Deus e lhe pedires misericórdia, haverás de recebê-la. Pois até hoje o Senhor não rejeitou a sequer um pecador penitente! E isso não redunda em esperança para ti? Pois se é verdade que existe um número pré-determinado de eleitos, também é verdade que todos quantos buscam ao Senhor pertencem a esse número. Portanto, aproxima-te do Senhor e busca-o. E, se por acaso fores o primeiro a ser lançado no inferno, então poderás dizer aos demônios que pereceste da seguinte maneira — diz aos demônios que tu és um rejeitado, embora te tenhas apresentado diante de Jesus como um pecador culpado. Asseguro-te que isso seria uma desgraça para o Deus eterno — com toda a reverência devida ao seu nome — e que ele jamais permitirá que tal coisa venha a acontecer. Deus tem ciúmes de sua própria honra, e ele nunca permitirá que um pecador possa alegar tal coisa.

Mas, ah, pobre alma! Não somente penses dessa maneira, isto é, que não poderás perder coisa alguma se te aproximares de Deus. Pois resta ainda outro pensamento. Aprecias tu a ideia da eleição, hoje? Estás disposto a admitir que a eleição é uma doutrina justa? Porventura és capaz de dizer. "Sinto que estou perdido, pois bem o mereço; e que se um meu irmão for salvo, não poderei murmurar. Se Deus chegar a destruir-me, é porque assim o mereço. Contudo, se por acaso ele salvar a pessoa que está sentada ao meu lado, Deus tem o direito de fazer o que ele bem entender com aqueles que lhe pertencem, e eu mesmo não terei perdido coisa alguma com isso!" Você pode dizer isso honestamente, do fundo do teu coração? Nesse caso, a doutrina da eleição terá produzido um correto efeito sobre o teu espírito, e já não estarás longe do reino dos céus.

Foste conduzido até onde deverias encontrar-te, trazido pelo Espírito de Deus até onde ele queria que estivesses. E, sendo essa a tua situação, podes sair daqui em paz, porquanto Deus perdoou os teus pecados. Não estarias te sentindo como te sentes, se não tivesses sido perdoado; não estarias te sentindo assim, se o Espírito de Deus não estivesse operando em tua vida. Por conseguinte, regozija-te nessa realidade. Que a tua esperança repouse inteiramente sobre a cruz de Cristo. Não deves ficar pensando sobre a eleição, e, sim, sobre Jesus Cristo. Descansa em Jesus — Jesus no princípio, no meio e sem nunca chegar ao fim.

O Ministério Fiel visa apoiar a igreja de Deus de fala portuguesa, fornecendo conteúdo bíblico, como literatura, conferências, cursos teológicos e recursos digitais.

Por meio do ministério Apoie um Pastor (MAP), a Fiel auxilia na capacitação de pastores e líderes com recursos, treinamento e acompanhamento que possibilitam o aprofundamento teológico e o desenvolvimento ministerial prático.

Acesse e encontre em nosso site nossas ações ministeriais, centenas de recursos gratuitos como vídeos de pregações e conferências, e-books, audiolivros e artigos.

www.ministeriofiel.com.br

Impressão e acabamento:
Gráfica CS
Capa: Supremo 250/gr
Miolo: Polen Natural 70/gr
2024